Gulliver Taschenbuch 252

Rätsel von Antje Burger, Theodor Eberle, Heinrich Euler, Karlhans Frank, Helga Gebert, Gabi Kopp, Hans Manz, Kerstin Meyer, Rosemarie Neie, Monika Neubacher-Fesser, Ortfried Pörsel, Julian Press, Walter Sägesser, Jeannette Schmid, K. H. Schneider, Christine Sormann, Ursula Stalder und Willy Urben.

Redaktion Silvia Bartholl

Lösungen
ab Seite 62

Durchs ganze Buch wandern solche kleine Käfer.
Wie viele sind es?

Rätselbude Nr. 5

Bilderrätsel • Irrgärten
Geheimschriften • Suchbilder
Detektivsuchgeschichten
und viele Rätsel mehr

Gesammelt von
Bettina Feser

BELTZ
& Gelberg

Ein Teil der Rätsel in diesem Band erschien zuerst im Kindermagazin
Der Bunte Hund.

Quellenvermerk
Seite 32: aus: Bruno Horst Bull (Hrsg.)
Ratespaß – für jeden was. © beim Herausgeber
Seite 51: aus: K.H. Schneider, Kunterbunte Rätseltruhe

Gesetzt nach der neuen Rechtschreibung

Gulliver Taschenbuch 252
Originalausgabe

Programm Beltz & Gelberg, Weinheim

Reihenlayout und Einband von Wolfgang Rudelius
Einbandbild von Papan
Gesamtherstellung Druckhaus Beltz, 69494 Hemsbach
Printed in Germany
ISBN 3 407 78252 7
1 2 3 4 5 01 00 99 98 97

Wie viele Dachziegel hat der Dieb in der Nacht geholt?

Christine Sormann

Zwölf Zeichnungen sind hier zu sehen. Mit Sprechblasen. Aber diese Sprechblasen sind – nein, nicht durcheinander geraten, sondern vom Zeichner vorsätzlich durcheinander gebracht worden. Wenn du jedem Bild die passende Sprechblase zuordnest, ergeben die unterstrichenen Buchstaben, hintereinander gelesen, den ersten Teil eines Sprichwortes. ▶

Den zweiten Teil kannst du sicher ergänzen. Achtung: Dem Bild Nr. 6 musst du natürlich zwei Sprechblasen zuordnen!

Theodor Eberle

Was sagt die Maus der Katze ins Ohr?
Wenn du auf dem Weg durchs Haus den
Pfeilen folgst und die Anfangsbuchstaben von jedem Gegenstand, Mensch oder Tier, hintereinander liest, weißt du, was die Maus flüstert.

Antje Burger

Die Wichtel beim Weihnachtsbaum-Schmücken. Wie viele Wichtel sind es im Ganzen? Kannst du auch die Wichtel-Zwillinge erkennen?

Antje Burger

Sechs Rätsel

Drei Augen und ein Bein,
immer an derselben Stelle,
lenken ständig – das muss sein –
einen Fluss mit grüner Welle.

??

Hab meine Energie im Bauch.

In deine Tasche passe ich auch.
Ich bin beileibe kein großes Licht,
doch stehst du im Dunkeln,
hast du mich nicht.

??

Jeder von uns setzt sich drauf,
reißt hinterher das Fenster auf.

??

Viele Zähne,
vier Ecken,
hinten lecken.

??

Bin gern besessen
beim Plaudern,
beim Essen.

??

Mich mögen Alt und Jung:
Hin und her mit Schwung.

Ortfried Pörsel

Die beiden Indianer geben Rauchzeichen. Sie erzählen von den Tieren, die sie auf der Jagd erlegt haben. Welche waren es?

Bianca Schaalburg

Der Text des alten Schlagers scheint nicht allen zu gefallen. Warum wohl? Schreib die Wörter der gezeichneten Dinge auf. Die Zahlen sagen dir, welche Buchstaben du streichen oder durch einen anderen Buchstaben ersetzen musst. Na?

Christine Sormann

Ball der Pinguine – alle haben sich fein gemacht. Zwei Pinguine sind sogar ganz gleich angezogen. Welche?

Christine Sormann

Das Wartezimmer beim Hals-Nasen-Ohrenarzt ist proppenvoll! Wie viele Kranke muss der Arzt heute behandeln?

Bianca Schaalburg

Gesucht: Ein gewaltiges Tätigkeitswort

Nachtigallen tun's, das klingt fein,
kluge Väter lassen's besser sein,
dafür soll dein Herz es jedenfalls
immer tun, doch besser nicht im Hals.
Man kann es mit Eiweiß und mit Sahne machen,
das gibt Schnee für leck're Schnuckelsachen.
Jeden Mai singt man's von Bäumen mit 'nem **AUS**;
auf die Weise tun es Pusteln im Gesicht von Klaus
oder auch die Pferde mit dem Huf.
Steffi Graf macht es mit **AUF** und als Beruf
und gewiss vor dem Verzehr mit ihrem Frühstücksei.
Nimmst du dir ein Buch, dann bist du auch dabei,
erst einmal mit **AUF**, doch fragst du ganz genau,
machst du es mit **NACH** und dann das Buch dich schlau.
Ordentlich geht es beim Buch mit **EIN**,
besser lässt du das bei Fensterscheiben sein.

Boxer tun's mit Fäusten und mit **ZU**,
und vielleicht tust es mit Türen manchmal du.
Bei Plakaten gibt das **AN** den Sinn.
Flott mit **ÜBER** macht's die Turnerin,
manchmal habe ich aus Freude so getan.
Oft mit **UNTER** las ich es im Kriminalroman.
Stellt man **VOR** vor, kann man es mit Hämmern tun
oder ohne, wenn man etwas weiß. Wie heißt es nun,
das Wort das innen eine **LAGE** zeigt,
das manchmal Liebes, manchmal Böses geigt?

Karlhans Frank

Manch einer mag mich

Manch einer mag mich, mancher nicht
in seinem Feiertagsgericht.

Mit Lammfleisch und mit Tintenfisch
da komm ich öfter auf den Tisch.

Jedoch bei Pudding und bei Kuchen,
da wirst du mich vergeblich suchen.

Das Gute ist: Ich bin gesund.
Das Schlechte: Man riecht aus dem Mund.

Hab keinen Fuß, doch viele Zehen –
du kannst mich beim Gemüse sehen.

Jeannette Schmid

*

Zehn Unterschiede – findest du sie alle?

Ursula Stalder

Finde den Weg, der ins Labyrinth hinein, an allen Eidechsen vorbei und wieder aus dem Labyrinth heraus führt. Ohne einen Teil des Weges mehr als einmal zu benützen und ohne auf dem Weg durch das geöffnete Maul einer Eidechse in ein Abteil hineinzugehen. Achtung! Dieses Labyrinth ist was für echte Könner!!!

Gabi Kopp

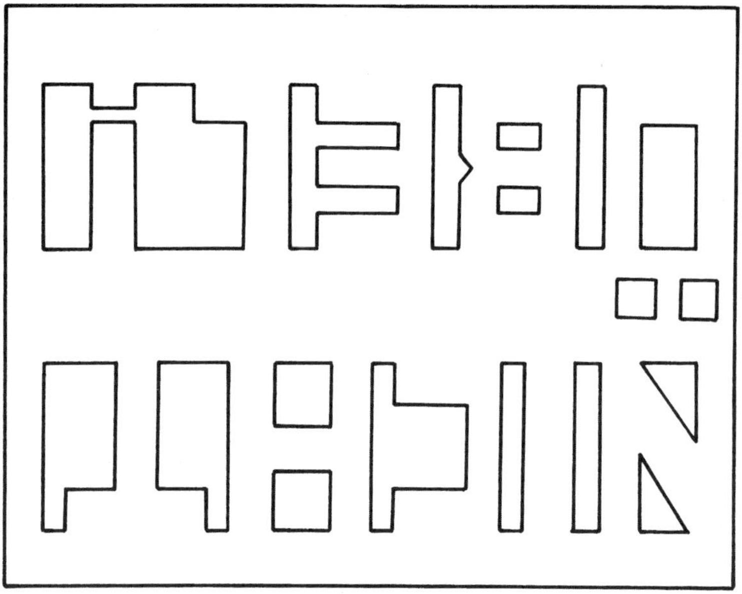

Was auf den ersten Blick wie ein seltsamer Plan aussieht, ist eine Geheimschrift. Was steht hier geschrieben? Wenn du das Bild drehst und die Augen zusammenkneifst, geht das Lesen leichter!

Monika Neubacher-Fesser

Mittendrin

Der Buchstabenmann geht ins Restaurant. Zum Kellner sagt er: »Wissen Sie, dass in allen WORTEN mittendrin ORTE sind?«
»Und in allen KÄSTEN ÄSTE. Klar, ich hab doch GEIST mit EIS«, antwortet der.
»Und auf dem Kopf haben Sie was mit LATZ mittendrin.«
Der Kellner streicht über seine GLATZE, fragt: »Was wünschen Sie?«
»Zuerst hätte ich gern, dass Sie das Ding mit ERZ auf meinem Tisch anzünden, damit ich das LAMM tanzen sehen kann, während Sie mir ein Glas mit EI und was drum holen.«
Der Kellner erfüllt den ersten Wunsch mit einem Feuerzeug. Während er das mit dem EI innen drin holt, riecht der Buchstabenmann an der ELKE in der Vase, trinkt dann einen Schluck, ehe er sagt: »Als Hauptgericht wünsche ich mir etwas mit dem, was Sie tun mittendrin.«
»Ich RA ...«, fängt der Kellner an.
»Schon gut«, unterbricht ihn der Buchstabenmann. »Er soll gut durch sein und eine feine Kruste haben. Am liebsten hätte ich den Vierfüßler mit der AMME, dazu Gemüse mit OHNE.« Etwas später beschwert er sich: »Auf dem mit der ELLE liegt TAU!«
»Verzeihen Sie«, sagt der Kellner und wischt mit der Serviette.
Der Buchstabenmann speist, lobt den Kellner: »Es schmeckt richtig mit ECKE. Kann ich zum Nachtisch Obst bekommen?«
»Was mit RANG? Was mit RAUB? Was mit FLAUM?«
»Alles! Dazu eine Tasse, in der ein AFFE badet. Aber bitte schnell.«
»Ich habe doch keine LÜGE auf dem Rücken«, mault der Kellner.

Karlhans Frank

Mal Sonne, mal Regen, mal beides zusammen. Bei diesem Hundewetter ist das Quartett Mäuserich & Co. unterwegs! Der Schatten begleitet die Gesellschaft. Doch sieben Abweichungen sind im Schatten zu finden. Welche?

Ursula Stalder

Zerrissene Briefmarken! Welche Teile gehören zusammen?

Ursula Stalder

Zwei Rätsel

Einst lag ich tief am Meeresgrund,
war löchrig, länglich oder rund.

Jetzt schwimme ich in andrem Reich,
gedrückt, geknetet, meistens weich.

Bin nützlich, gern gesehen immer
in Küche und im Badezimmer.

??

Vorwärts geht's, doch nie voran,
rückwärts auch, doch nie zurück –

Wenn einer sonst nicht reiten kann,
ist Reiten hier sein höchstes Glück.

Niemals treffen sich hier zwei,
jeder zieht nur seine Bahn.

Jeder hat viel Spaß dabei,
solange er's bezahlen kann.

Jeannette Schmid

In dem Liniengewirr verbergen sich neun Tiere. Am besten nimmst du einen Buntstift zu Hilfe, dann zeigen sie sich dir schnell.

Monika Neubacher-Fesser

Einen Wolfshunger hat der Hund, aber die Knochen sind nur schwer zu erreichen, denn erst muß ein Labyrinth durchquert werden. Hilf dem Hund, den richtigen Weg zu finden!

Ursula Stalder

Für die Maus wird es brenzlig, wenn der dicke Kater seine Augen aufmacht. Sie muss blitzschnell verschwinden. Kannst du ihr helfen, rasch das richtige Mauseloch zum Notausgang zu finden?

Christine Sormann

A
B
C
D
E
So.

Der Verleger Rolf Buchfink möchte ein Buch mit Märchen der Brüder Grimm herausbringen. Zwölf Märchen, die er darin aufnehmen will, hat er hier schon mal notiert. Aber in der Eile hat er in jeden Titel einen falschen Buchstaben hineingebracht. Du weißt natürlich, wie die Märchen richtig heißen. Die falschen Buchstaben ergeben – von oben nach unten gelesen – den Titel eines weiteren Märchens. Das ist allerdings nicht von den Brüdern Grimm. Sondern?

Theodor Eberle

Zwei Rätsel

Mein Erstes kriegt man von der Kuh
für Jacken, Mäntel, Sohlen, Taschen.

Mein Zweiter steckt in deinem Schuh,
manchmal gestrickt mit festen Maschen.

Verknüpfe uns, wir sind ein Held,
der dir in einem Buch erzählt
wie es in Kanada gewesen,
beim Kämpfen gegen Irokesen.

??

Mein Erster fehlt in dem Gedränge,
hat Höhe, Breite, Tiefe, Länge.
Mal wird ein Zimmer so genannt –
wächst er, hast du mehr Platz zur Hand.

Mein zweites wird vom Fluss getragen,
man kann mit ihm auf See sich wagen.
Oft schwankt es unter deinen Füßen,
wenn frische Winde es begrüßen.

Gemeinsam sind sie nun verbunden,
um ferne Welten zu erkunden.

Jeannette Schmid

Kater Murr hat Schwierigkeiten, den passenden zweiten Socken zu finden. Hilf ihm schnell!

Antje Burger

Welche dieser sechs Prinzessinnen ist die »echte« Prinzessin auf der Erbse? Sie hat lange Haare, eine Krone, ein kurzes Nachthemd und Pantoffeln.

Antje Burger 

Ein Fußballspiel? Ein Fest? Auf jeden Fall haben sich hier eine Menge Bären versammelt. Wie viele sind es?

Monika Neubacher-Fesser

Welche beiden Zahlen sind durch einen freien Weg durch das Labyrinth miteinander verbunden?

Willy Urben

Das gestohlene Auto

Es war an einem Tag, an dem bis zum Mittag die Sonne schien. Nachmittags aber begann es zu regnen. Da hielt in einer kleinen Stadt ein Auto vor dem Rathaus. Ein Mann stieg aus und ging eilig fort. Außer ihm war nur ein Polizist auf der Straße, denn der Regen lockte keine Spaziergänger mehr ins Freie.
Der Polizist aber suchte nach einem Auto, das ihm als gestohlen gemeldet worden war. Als sich der Hüter des Gesetzes nun das abgestellte Auto vor dem Rathaus näher ansah, erkannte er, dass die Beschreibung des gestohlenen Wagens genau mit dem geparkten Auto übereinstimmte. Das Gefährt führte auch die angegebene Autonummer. Also blieb kein Zweifel: Das war der gestohlene Wagen!
Der Polizist rannte dem Mann nach, der das Auto soeben verlassen hatte. Er erwischte ihn auch noch, als dieser gerade in einer Nebenstraße verschwinden wollte. Er nahm den Betrüger fest, obgleich sich dieser mit Händen und Füßen sträubte.
An den Tatort geführt, leugnete der Mann, das Auto hier gerade erst abgestellt zu haben. Dafür, dass sein Anzug nicht regennass war, wie man dies von einem Fußgänger hätte erwarten können, hatte er eine Erklärung: Es regnete erst seit einer Viertelstunde und so lange hätte er sich unter den Arkaden des Rathauses aufgehalten. Um sich weiß zu waschen, behauptete der Dieb: »Als ich heute Vormittag hier vorüberging, habe ich den Wagen schon am gleichen Platz stehen sehen.«

Jetzt wusste der Polizist, dass der Mann log. Ein Blick unter das Auto genügte ihm. Was hat er dort gesehen?

Die zwei Mäuse, die so erschrocken um sich blicken, haben allen Grund, vorsichtig zu sein. Sie werden nämlich beobachtet. Welches Tier liegt hier schon auf der Lauer? Du siehst es schneller, wenn du das Bild auch einmal drehst.

Julian Press

Wie viele Meerschweinchen tummeln sich auf dieser Seite?

Kerstin Meyer

Ganz oben ein Licht!
Kennst du mich nicht?

In mir wohnen viele fremde Leute,
manche seit gestern,
manche seit heute,
schlafen, essen,
gehn weg für ein paar Stunden,
bezahlen schließlich
und sind verschwunden.

??

Steh am oder im Wasser,
mal trockner, mal nasser.
Ganz oben ein Licht.
Kennst du mich nicht?

??

Von eins bis sechs
geht's holperdibück.
Wirf mich nur!
Vielleicht hast du Glück.

??

Ein großes Tor hat dieses Haus.
Vorwärts hinein, rückwärts hinaus!

??

Ich fahre immer hinterher.
Bin ich allein, kann ich nicht mehr.

Ortfried Pörsel

D	I	R	I	E	L	H	F	E	L
N	E	Z	W	B	E	A	N	P	H
T	U	M	O	A	S	T	C	A	Z
E	H	B	N	D	I	V	T	I	E
C	Y	N	E	B	E	I	T	L	U
Ü	Ä	H	T	I	J	H	F	Ö	E
H	U	I	D	W	E	C	R	S	I
E	T	O	S	S	U	F	B	D	P
J	E	H	I	T	A	L	I	C	O
S	U	V	E	P	U	L	E	L	W
I	N	D	B	H	T	O	R	E	E
R	D	E	U	F	I	C	S	U	T

Hier musst du wandern und lesen. Beginne oben links beim Pfeil. Du darfst nur dann von einem Kästchen zum anderen gehen, wenn die Farbe auf der angrenzenden Seite dieselbe ist. Wenn du richtig liest, reimt sich der Lösungssatz.

Antje Burger

Mit Hilfe des Farbenalphabetes kannst du die Geheimschrift leicht entziffern!

Monika Neubacher-Fesser

Rätselfragen

Auf dem Markt stehn zwei Pfähle,
auf den Pfählen liegt eine Tonne,
auf der Tonne sitzt ein Trichter,
auf dem Trichter ist eine Kugel,
auf der Kugel wächst ein Busch,
in dem Busch sind kleine Tiere.

??

Rate, was ich hab vernommen:
Es sind achtzehn fremde Gesellen
ins Land gekommen,
zu malen schön und säuberlich;
doch keiner einem andern glich,
all ohne Fehler und Gebrechen,
nur konnte keiner sprechen.

??

Wenn man mich sieht,
so sieht man mich nicht.
Sieht man mich nicht,
so sieht man mich.

??

Du siehst mich nicht, doch fühlst du mich,
stets bin ich, wie du weißt, um dich;
Das Leben kann ich dir nicht geben,
doch ohne mich kannst du nicht leben.

??

Was du machst, das mach auch ich:
Wenn du lachst, dann lach auch ich,

stehst du still, dann steh ich auch,
gehst du, nun, dann geh ich auch;
recke, rüttle, bücke dich,
strecke, schüttle, drücke dich,
was du tust, das tu auch ich.
Sage, Hänschen, kennst du mich?

??

Ich lass mich gern von dir bekritzeln
und ende meist in lauter Schnitzeln.
Was auf mir steht, hat kurzen Wert.
Lieber wär's mir umgekehrt.

Ortfried Pörsel

Trage die richtigen Namen der gezeichneten Dinge in die Kästchen ein. Die Buchstaben in den stark umrandeten Feldern ergeben – nacheinander gelesen – das Lösungswort.

Helga Gebert

Hier sitzt die Hauptdarstellerin des Films, dessen Handlung vor etwa 350 Jahren spielt, in einer Szene am Tisch und schreibt einen Brief. Aber was ist den Filmemachern da passiert! Acht Dinge sind im Bild, die es damals noch gar nicht gegeben hat. Wenn du genau hinschaust, findest du sie sicher heraus.

Theodor Eberle

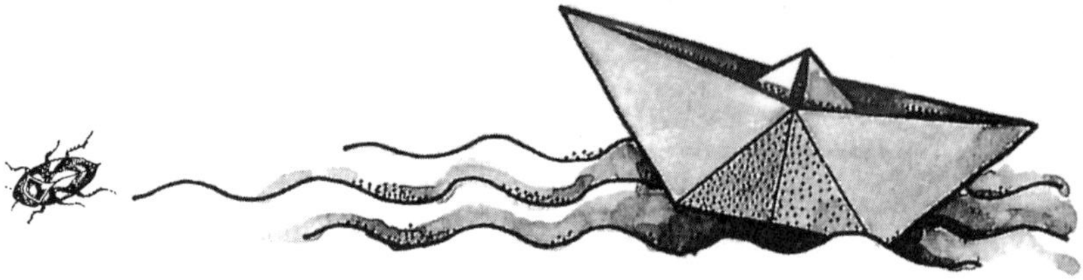

a

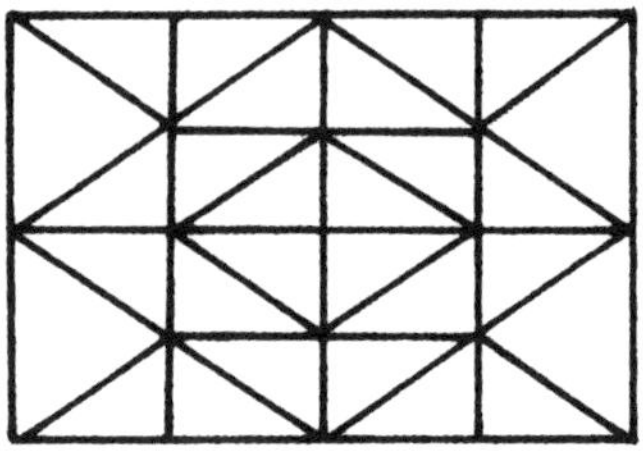

b

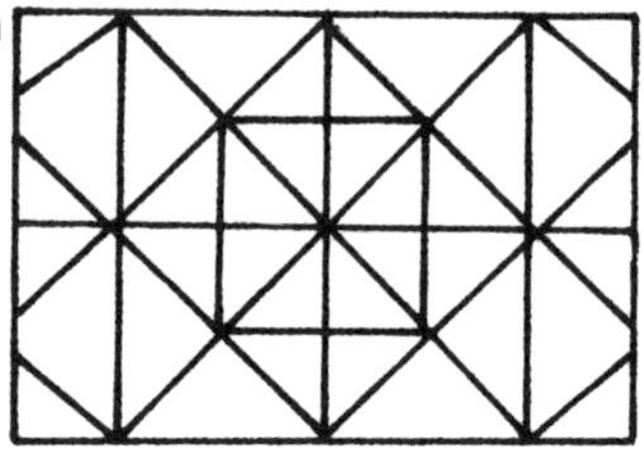

c

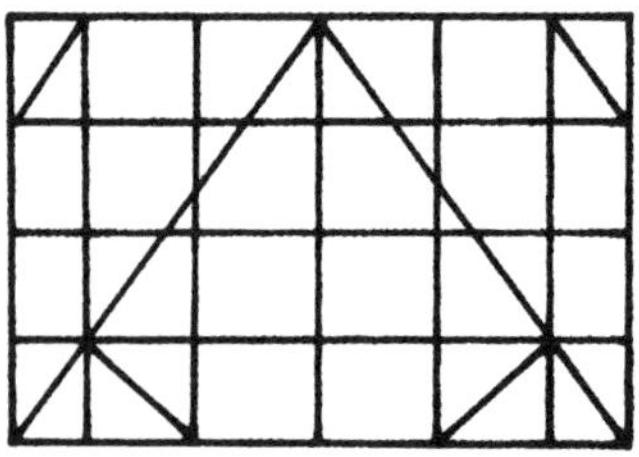

d

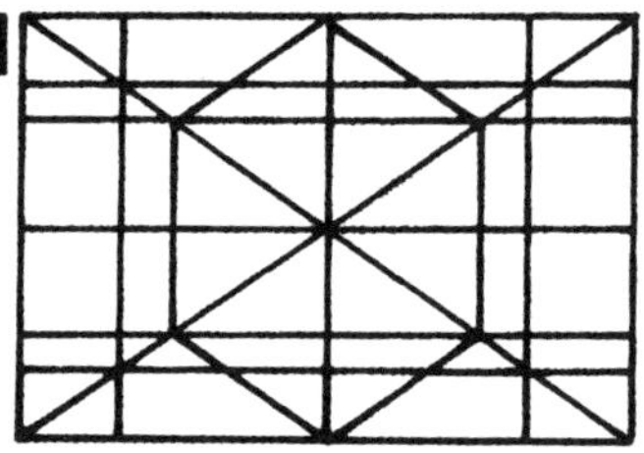

Welches ist der richtige Falzplan für das Papierschiffchen? Wenn du es auf der Zeichnung nicht erkennen kannst, falte dir doch ein Schiff. Klappe es dann wieder auseinander und du weißt, welcher Falzplan der richtige ist.

Monika Neubacher-Fesser

Professor Knobel ist unterwegs in Transsilvanien. Er folgt einer Einladung auf das Schloss des Grafen Dracula. Zum Glück ist er im Besitz einer Landkarte. Findest du gemeinsam mit dem Professor den Weg zum Schloss? (Unterwegs entdeckt ihr zehn Buchstaben. Sie verraten dir, welches Tier am häufigsten in Transsilvanien zu sehen ist. Wie heißt es?)

Heinrich Euler

Schreib die Anfangsbuchstaben all der Dinge auf, an denen du vorbeikommst. Beginne dabei beim roten Pfeil unten links. Wenn du die Buchstaben der Reihe nach liest, weißt du, was Johannes zum Geburtstag bekommt.

Antje Burger

Dies hier ist ein äußerst rätselhafter Zoo. Schon am Eingang spielen sich merkwürdige Dinge ab. Bei deinem Rundgang wirst du elf Dinge sehen, die einfach unmöglich sind. Findest du sie alle?

Heinrich Euler

Verknüpfe uns

Der Erste bringt ein reiches Leben –
die Zweite ist von Meer umgeben.

Der Erste ist ein Kosewort –
die Zweite ein ferner Ort.

Verknüpfe uns, lass die Geschichten,
von Abenteuern dir berichten,
von Mut, Verrat, Piratenlohn
im Buch von R.L. Stevenson.

Jeannette Schmid

Sie gibt sich jedem

Sie gibt sich jedem
in die Hände,
verliert an Umfang,
geht zu Ende,
und immer ist ein
Hilfsobjekt beteiligt,
dem sie »schmeckt«.

Rosemarie Neie

Welch ein Vergnügen!

WELCH EIN VERGNÜGEN, MIT LUISE WALZER ZU TANZEN!, DACHTE THOMAS STERN, ALS ER, NOCH ETWAS SCHWINDELIG, DURCH DEN SAAL ZURÜCK ZU SEINEM TISCH WANKTE. ABER ZUM NÄCHSTEN TANZ MUSS ICH PAULA MAL AUFFORDERN, DIE AN IHREM TISCH LANGE SCHON AUF EINEN WARTET, DER MIT IHR TANZT, UND SO TRAURIG VOR SICH HIN STARRT.
DOCH DANN WAR DAMENWAHL. UND ES KAM ELFRIEDE, DIE SCHÖNE ELFRIEDE, UND FORDERTE THOMAS AUF. WIE SELTSAM WURDE IHM ZUMUTE, ALS SIE IHN MIT IHREN DUNKLEN AUGEN ANSAH UND ER SIE IN SEINEN ARMEN HIELT! BIS ZUM ENDE DES BALLS TANZTE THOMAS NUR MIT ELFRIEDE UND NOCH AM SELBEN MORGEN FRAGTE ER SIE BEI EINER TASSE KAFFEE, OB SIE NICHT FR**AU STER**N WERDEN WOLLE ...

Dass Tiere sich verstecken können, weiß jede, jeder. Aber auch Tiernamen können sich in einem Text so verstecken, dass man sie auf den ersten Blick nicht sieht. In dieser kleinen Geschichte sind fünfzehn Tiernamen versteckt – wie zum Beispiel Auster in der letzten Zeile. Findest du die übrigen vierzehn?

Theodor Eberle

Die Großstadtmaus ist stolz: Bereits in vier großen Städten ist sie gewesen. Wenn du die Buchstaben in der Mantelinnenseite nach einer bestimmten Regel liest, findest du die Namen der Städte leicht heraus.

Ursula Stalder

Ein besonderes Tier

Der Vater sitzt am Frühstückstisch
und hält sich stumm den Schädel.
Er knabbert lustlos einen Fisch
und flüstert leise: »Mädel!

Mach doch nicht solchen Heidenkrach!
Dein Radiogedudel
macht selbst den stärksten Vater schwach!«
Dann trinkt er etwas Sprudel.

Die Mutter bringt ihm jetzt ein Bier,
so ist's bei ihnen Brauch.
Dem Vater sitzt im Genick ein Tier –
kennst du es auch?

Jeannette Schmid

Zehn Unterschiede sind zu finden!

Ursula Stalder

Drei Katzen, drei Schweine, drei Mäuse: Schau genau hin, dann siehst du, dass sich in jeder Reihe ein Tier von den anderen beiden unterscheidet. Welche sind es?

Antje Burger

Wer war der Täter?

Kommissar Kohlmacher steht vor einer schwierigen Aufgabe: Er sucht den Autofahrer, der ein wichtiges Verkehrsschild umgefahren und anschließend Fahrerflucht begangen hat. Ein Zeuge hat ausgesagt, dass es sich um einen grauen Personenwagen gehandelt habe. Drei verdächtige Autofahrer hat der Kommissar nach langen Ermittlungen festgestellt, aber von jedem weiß er nur wenig – im Ganzen hat er nur sechs Angaben, aus denen er den einzig möglichen Täter herausfinden soll. Helft Kommissar Kohlmacher, aus den sechs nachfolgenden Angaben den Täter zu ermitteln:

1. Herr Blodau hat einen VW.
2. Der Citroën kommt aus Wittlage.
3. Frau Martling ist Kunststudentin.
4. Der Opel Rekord ist weiß.
5. Herr Lauterbach und der Citroën-Fahrer kennen sich.
6. Der rote Wagen hat die Nummer B-UC 547.

K. H. Schneider

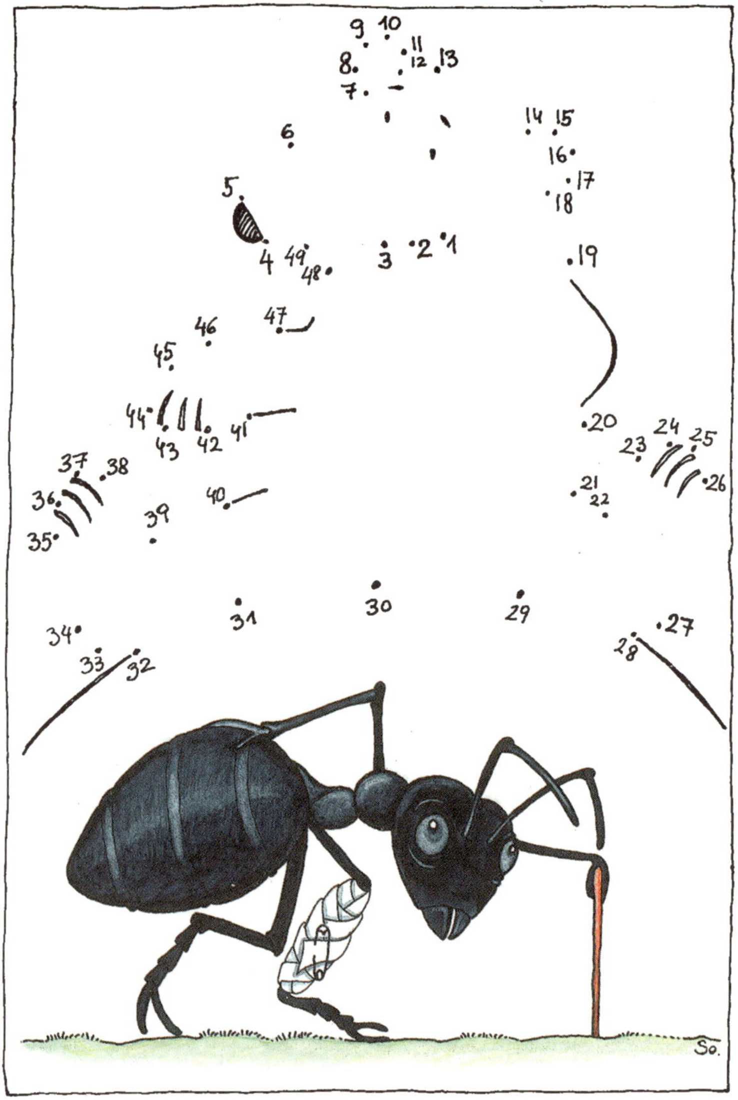

Die Waldameise hat beschlossen auszuwandern, denn der Ameisenbau, in dem sie lebt, wurde (schon wieder) überfallen. Wenn du den Übeltäter kennen lernen möchtest, verbinde die Punkte von 1 bis 49 miteinander!

Christine Sormann

Kannst du den großen Stern zeichnen, ohne dabei abzusetzen und ohne dass sich die Linien kreuzen? Wenn es dir gelingt – Kompliment!

Christine Sormann

Drei Rätsel

Eine kleine gemeinsame Silbe
hat vier Wörter zusammengebracht:
eine Süßspeise,
die Freude macht,
eine große Nuss
mit weißem Saft,
ein Tier mit schrecklichen Zähnen,
ein Fahrzeug
mit sehr viel Kraft.

??

Eine Wurzel,
die kein Wasser saugt,
ein Bein,
das nicht zum Gehen taugt,
zwei Flügel, die nicht fliegen,
zwei Löcher, die nicht allzu weit
auseinander liegen.

??

An einem Tisch
sitzen, lachen und spielen
ein Großvater,
zwei Väter,
zwei Söhne,
ein Enkel
auf nur drei Stühlen.

Hans Manz

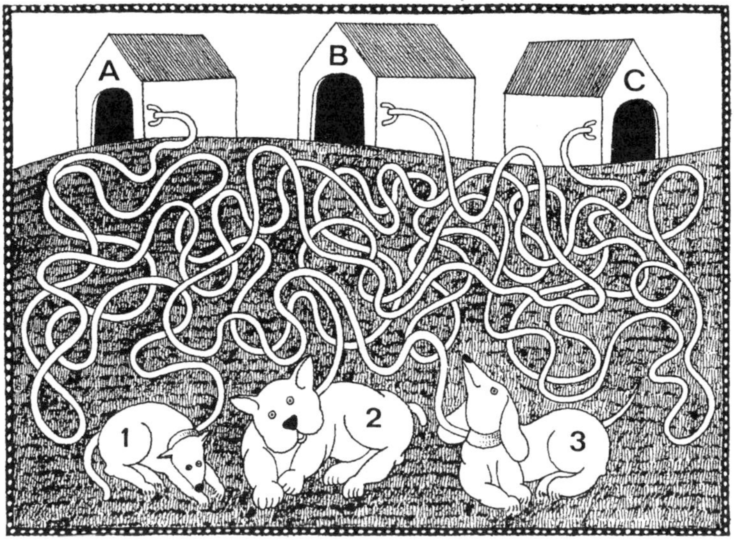

Die Leinen dieser Hunde sind ganz schön durcheinander geraten! Kannst du ihnen helfen und jedem Hund seine Hundehütte zeigen?

Walter Sägesser

Jakob darf zwar alle Körner auffressen, aber er soll dabei keinen Weg zweimal gehen. Kannst du ihm helfen, den Weg zum Ausgang zu finden?

Christine Sormann

Trage die gesuchten Begriffe in die entsprechenden Kästchen ein. Die Buchstaben in den farbigen Feldern ergeben – nacheinander gelesen – den Namen eines Märchens der Brüder Grimm.

Antje Burger

Rätselfrage

Hat einen Rücken,
kann sich nicht bücken.
Hat nur ein Bein,
damit kann sie allein
nicht gehen,
nicht stehen,
aber laufen.
Keiner wird sie kaufen,
obwohl sie viel nutzt,
wenn sie geputzt.
Flügel hat sie zwei,
legt dennoch nie ein Ei.
Sie weiß, wie es ist,
mit den Rosen, mit dem Mist,
dem Käse, mit verdorbenem Kohl.
Du kennst sie wohl.
Zieh sie nicht hoch, das mag sie nicht,
sie bleibt trotz des Ziehens im Gesicht.

Karlhans Frank

Welche sechs Tiere haben sich in dem Liniengewirr versteckt? Wenn du mit Buntstiften arbeitest, ist es ganz einfach.

Monika Neubacher-Fesser

Am Hutstand auf dem Markt werden die unterschiedlichsten Modelle angeboten. Doch ein paar Hüte sind genau gleich. Welcher Hut kommt

zweimal, welcher dreimal, welcher viermal und welcher fünfmal vor? Und wie viele Gesichter kannst du zählen?

Gabi Kopp

Alle Lösungen – allerdings geht's drunter und drüber!

Seite 5: 16 Dachziegel

Seite 21: 1+3 / 2+17 / 4+8 / 5+12 / 6+11 / 7+20 / 9+14 / 10+19 / 13+18 / 15+16

Seite 42: Falzplan b

Seite 47: Elch, Wal, Aal, Schwan, Lama, Schlange, Star, Kamel, Sau, Wiesel, Ren, Hund, Amsel, Affe, Auster

Seite 59: Katze, Seestern, Pinguin, Frosch, Schnecke, Schmetterling

Seite 36: Die Zwiebel hat sieben Häute und beisst alle Leute.

Seite 6/7: Reden ist Silber, (Schweigen ist Gold).

Seite 13: Der Tänzer links oben und der schlafende Prinz rechts oben

Seite 20:

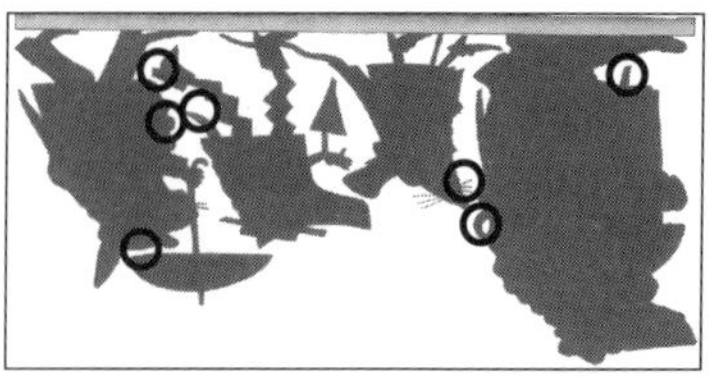

Seite 40: Hocker, Tisch, Ratte, Kanne, Teller, Tassen, Schirm, Zwerge, Brille / Ostereier

Seite 22: Schwamm / Karussell

Seite 50: Nr. 2: keine Hose, Nr. 3: Schlips statt Fliege, Nr. 2: kein Spielzeug

Seite 37: Hinter der Mauer liegt Paul auf der Lauer.

Seite 55: A zu 2, B zu 3, C zu 1

Seite 32: Das Pflaster unter dem Auto war nass. Wäre das Auto schon am Vormittag dort abgestellt worden, als noch Sonnenschein war, hätte unter dem Auto ein trockener Fleck sein müssen. Es regnete viel zu kurz, als dass das Wasser bis unters Auto hätte dringen können.

Seite 43: Fledermaus

Seite 11: Adler, Bär, Büffel, Kaninchen, Schlange, Wolf

Seite 51: Der Unfallwagen war grau, es kann also nicht der Opel Rekord gewesen sein; der Wagen mit der Berliner Nummer war rot – es bleibt somit nur der Citroën, der aus Wittlage kam. Herr Blodau hat einen VW, kann also nicht der Citroën-Fahrer sein; Herr Lautenbach kennt den Citroën-Fahrer, kann es also nicht selbst sein – es bleibt somit nur die Kunststudentin Frau Martling übrig.

Seite 26: Das Feuerzeug (von Hans Christian Andersen)

Seite 17:

Seite 48: Berlin, London, Paris, Wien (lies von links oben nach rechts unten, nimm jeden 2. Buchstaben!)

Seite 9: 15; oben rechts und unten links mit dem weißen Bart

Seite 15: schlagen

Seite 52: Bären setzen oder legen sich gerne auf Waldameisenhaufen und nehmen so ein »Ameisensäure-Bad«.

Seite 34: 96 Meerschweinchen

Seite 58: Nase

Seite 25: Mauseloch E

Seite 38/39: Menschenkörper / Alphabet / Dunkelheit / Luft / Spiegel / Notizzettel

Seite 12: Mein Papagei frisst keine harten Eier, er ist ein selten dummes Vieh (… er ist der Schönste aller Papageier, doch harte Eier frisst er nie …)

Seite 41: Briefmarke, Streichhölzer, Zigarette, Armbanduhr, Kugelschreiber, Steckdosen, Antenne, Flugzeug

Seite 14: 64 Kranke

Seite 54: Schokolade, Kokosnuss, Krokodil, Lokomotive / Nase / Der Grossvater ist auch Vater, der Vater und der Enkel sind auch Söhne

Seite 35: Hotel / Leuchtturm / Würfel / Garage / Anhänger

Seite 53:

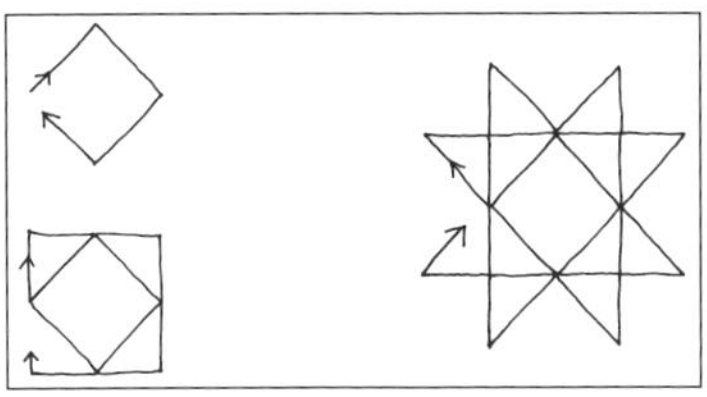

Seite 45: Dinosaurier, Affe verlässt das Haus, Riesenapfel, menschlicher Schädel, angelnder Bär, Giraffe mit Knoten, rauchender Seehund, Voliere zum Aufziehen, Wasserpilze, Weihnachtsmann, Geisterwand

Seite 44: Einen bunten Hund

Seite 49: Kater

Seite 28: 2. unten links

Seite 18: Nicht übel!

Seite 30: 24 Bären

Seite 56:

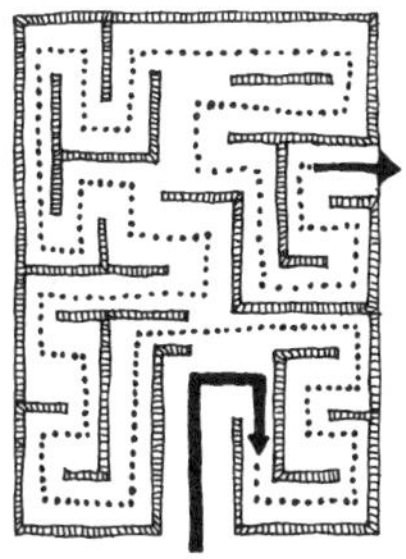

Seite 46: Schatz-Insel / Leder-Strumpf

Seite 8: Ich liebe dich.

Seite 33: Eine Katze sitzt kopfüber an der linken Hauswand.

Seite 23: Schlange, Vogel Strauß, Fisch, Schwan, Schildkröte, Delphin, Elch, Hase, Tukan

Seite 57: Fass, Zunge, Hantel, Hand, Katze, Vogel, Hose, Regen, Biber, Kamel / Fundevogel

Seite 24:

Seite 31: 1+3

Seite 29: oben rechts

Seite 10: Ampel / Taschenlampe / Toilette, Briefmarke / Stuhl / Schaukel

Seite 19: Wie in WORTEN ORTE und in KÄSTEN ÄSTE und im GEIST EIS und in der GLATZE ein LATZ, so verstecken sich ERZ in der KERZE, LAMM in der FLAMME, EI im WEIN, ELKE in NELKEN, RATE im BRATEN, AMME im HAMMEL, OHNE in BOHNEN, ELLE im TELLER, TAU im STAUB, ECKE in LECKER, RANG in ORANGE, RAUB in TRAUBE, FLAUM in PFLAUME, ein AFFE im KAFFEE und eine LÜGE im FLÜGEL.

Seite 16: Knoblauch

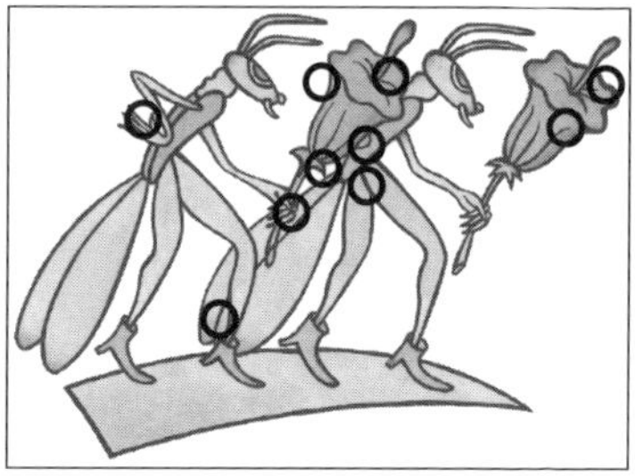

Übrigens: 27 Käfer laufen durchs ganze Buch.

Seite 60/61: 23 Gesichter ▼